云南省地方标准

预应力混凝土连续刚构桥梁施工监控技术规程

Technical regulations for construction monitoring of prestressed concrete continuous rigid frame bridge

DB53/T 1114—2022

主编单位：云南云路工程检测有限公司
批准部门：云南省市场监督管理局
实施日期：2022年08月20日

人民交通出版社股份有限公司
北　京

图书在版编目(CIP)数据

预应力混凝土连续刚构桥梁施工监控技术规程/云南云路工程检测有限公司组织编写.—北京:人民交通出版社股份有限公司,2022.12
ISBN 978-7-114-18267-9

Ⅰ.①预… Ⅱ.①云… Ⅲ.①预应力混凝土桥—连续刚构桥—桥梁施工—技术规范—云南 Ⅳ.①U448.23-65

中国版本图书馆 CIP 数据核字(2022)第 191018 号

标准类型:	云南省地方标准
标准名称:	预应力混凝土连续刚构桥梁施工监控技术规程
标准编号:	DB53/T 1114—2022
主编单位:	云南云路工程检测有限公司
责任编辑:	邵　江
责任校对:	赵嫒嫒
责任印制:	刘高彤
出版发行:	人民交通出版社股份有限公司
地　　址:	(100011)北京市朝阳区安定门外外馆斜街 3 号
网　　址:	http://www.ccpcl.com.cn
销售电话:	(010)59757973
总 经 销:	人民交通出版社股份有限公司发行部
印　　刷:	北京市密东印刷有限公司
开　　本:	880×1230　1/16
印　　张:	2
字　　数:	55 千
版　　次:	2022 年 12 月　第 1 版
印　　次:	2022 年 12 月　第 1 次印刷
书　　号:	ISBN 978-7-114-18267-9
定　　价:	48.00 元

(有印刷、装订质量问题的图书,由本公司负责调换)

目　次

前言 .... Ⅲ
引言 .... Ⅴ
1 范围 1
2 规范性引用文件 1
3 术语和定义 1
4 基本规定 2
5 监控所需参数与获取 3
　5.1 监控所需参数 3
　5.2 监控参数获取 3
6 监控计算 4
　6.1 监控计算的方法 4
　6.2 监控计算的内容 4
7 线形控制 4
　7.1 一般规定 4
　7.2 施工预拱度计算 5
　7.3 成桥预拱度计算 5
　7.4 施工阶段立模高程 6
　7.5 成桥桥面线形 6
8 监控量测 7
　8.1 监测项目 7
　8.2 测点布置 7
　8.3 仪器设备 10
　8.4 监测频率 10
9 监测数据分析、结构状态识别及反馈控制 12
　9.1 监测数据分析 12
　9.2 结构状态识别 13
　9.3 监控信息反馈控制 13
10 监控成果应用及管理 13
附录 A（资料性） 主梁立模高程通知单 15
附录 B（资料性） 施工阶段主墩基础沉降监测记录表 16
附录 C（资料性） 施工阶段挂篮变形监测记录表 17
附录 D（资料性） 施工阶段主梁高程及轴线偏位监测记录表 18
附录 E（资料性） 施工阶段应变监测记录表 20
附录 F（资料性） 施工阶段环境监测记录表 21

Ⅰ

前　言

本文件按照GB/T 1.1—2020《标准化工作导则　第1部分：标准化文件的结构和起草规则》给出的规则起草。

请注意本文件的某些内容可能涉及专利。本文件的发布机构不承担识别专利的责任。

本文件由云南云路工程检测有限公司提出。

本文件由云南省交通运输标准化技术委员会(YNTC13)归口。

本文件主要起草单位：云南云路工程检测有限公司。

本文件主要起草人：刘胜红、王应斌、高嵩、郭俊、朱德祥、吴乔凤、李文军、蔡林真、卜飞、杨竹、伍乾坤、张艳萍、李忠江、柴方、刘玉婷、代超、孙以润、席恩伟、范新荣、邹华勇、马永军、王建华、谌蛟、邓俊伟、杨顺友、周丞、张杰文、罗杰涛、张雪梅、徐祥红、侯丁语、张金丽。

引 言

随着云南省交通基础建设的快速发展,加之云南特有的地理环境,预应力混凝土连续刚构桥在云南省公路工程中的大跨径桥梁中占有相当大的比例,围绕相应的桥梁施工监控工作已开展多年。《公路桥涵施工技术规范》(JTG/T 3650—2020)第17.1.3条规定:对大跨径连续梁和连续刚构桥,应进行施工过程控制,使结构的变形、内力及线形符合设计要求,并应保证结构在施工过程中的安全。

在长期的预应力混凝土连续刚构桥梁施工监控中,由于缺少适合云南省公路特点的可依据的技术规范,存在一些影响监控有效性的突出问题:一是在施工监控工作的具体实施过程中缺乏专用规范对监控工作进行指导;二是对监测截面的选取、测点布置以及测试频率的确定不够规范;三是对施工监测数据的分析及反馈控制等内容缺乏技术依据。上述问题使得监控工作存在一定的随意性,既可能影响施工监测数据的准确有效,也不能真正发挥施工监测对桥梁质量的监控作用,更可能为桥梁留下安全隐患。

因此,制定适合云南省的预应力混凝土连续刚构桥梁施工监控技术标准,将为预应力混凝土连续刚构桥梁施工监控提供技术依据,有利于规范混凝土连续刚构桥梁施工监控行为,提高监控工作效率和质量,切实发挥好施工监控在混凝土连续刚构桥梁施工中对桥梁安全质量的保障作用,助力云南省交通基础建设高质量发展。

预应力混凝土连续刚构桥梁施工监控技术规程

1 范围

本文件规定了预应力混凝土连续刚构桥梁施工监控技术的术语和定义、基本规定、监控所需参数与获取、监控计算、线形控制、监控量测、监测数据分析、结构状态识别及反馈控制、监控成果应用及管理。

本文件适用于云南省公路采用挂篮进行悬臂浇筑施工的主跨跨径不大于180 m的预应力混凝土连续刚构桥的施工监控，采用类似工法施工的桥梁可参照执行。

2 规范性引用文件

下列文件中的内容通过文中的规范性引用而构成本文件必不可少的条款。其中，注日期的引用文件，仅该日期对应的版本适用于本文件；不注日期的引用文件，其最新版本（包括所有的修改单）适用于本文件。

GB/T 21839 预应力混凝土用钢材试验方法
CJJ/T 281 桥梁悬臂浇筑施工技术标准
JT/T 1037 公路桥梁结构监测技术规范
JTG F80/1 公路工程质量检验评定标准 第一册 土建工程
JTG 3362 公路钢筋混凝土及预应力混凝土桥涵设计规范
JTG 3420 公路工程水泥及水泥混凝土试验规程
JTG/T 3650 公路桥涵施工技术规范
JTG 5120 公路桥涵养护规范
DB53/T 810 桥梁有效预应力检测技术规程

3 术语和定义

下列术语和定义适用于本文件。

3.1
施工监控 construction monitoring
为控制桥梁施工过程的结构状态，实现设计要求的成桥结构受力与线形目标而进行的监控计算、结构应力及变形监测、数据分析与反馈控制等工作的总称。

3.2
监控量测 monitoring measurement
在桥梁施工过程中，对结构应力、线形、温度等进行的现场跟踪量测。

3.3
监控计算 calculation for monitoring
为获得桥梁各施工阶段及成桥后结构受力状态和线形状态，而对桥梁主体结构进行设计复核性计算、施工模拟计算及施工跟踪计算的总称。

3.4
正装分析法 formal analysis method
根据施工组织设计逐阶段地进行正序分析，逐步安装节段构件，施加相应作用，模拟和再现施工过程中结构的几何和力学状态的结构分析方法。

3.5

成桥状态 completion state of bridge

二期恒载施加完成后，桥梁结构线形状态和应力状态的总称。

3.6

施工预拱度 camber in construction

为抵消桥梁结构施工过程中在各种荷载作用下产生的位移（挠度），在施工时所预留的与位移方向相反的校正量。

[改写 JTG/T 3650，术语 2.0.19]

3.7

成桥预拱度 camber for the completed bridge

为抵消桥梁结构成桥后在长期运营过程中由于混凝土收缩与徐变、预应力损失及活载等原因产生的挠度，而在施工时所预留的与位移方向相反的校正量。

[改写 JTG/T 3650，术语 2.0.19]

3.8

合理成桥线形 reasonable line shape of the completed bridge

桥梁成桥时主梁线形，该线形为设计线形与成桥预拱度叠加后的线形。

3.9

线形监控 line shape monitoring

在桥梁施工过程中，通过线形监测、误差分析、参数及结构状态调整，控制施工中结构线形状态，使桥梁线形（主梁高程及轴线等）在成桥时与合理成桥线形基本吻合。

3.10

应力监控 stress monitoring

在桥梁施工过程中，通过应力监测、误差分析、参数及结构状态调整，使桥梁结构应力在施工过程中及成桥时与计算目标状态基本吻合。

3.11

反馈控制 feedback control

在桥梁施工监控过程中，获取已施工结构的变形和应力监测数据，预测未施工结构变形和应力，将结构信息与预控数据进行比较，通过误差分析和调整参数等一系列控制手段，使结构状态达到预期目标。

4 基本规定

4.1 应对采用挂篮悬臂浇筑施工的预应力混凝土连续刚构桥进行施工监控。

4.2 施工监控应由具有相应资质的专业单位实施，其工作内容应包括：
 a) 基础资料收集；
 b) 监控计算；
 c) 编制施工监控方案；
 d) 现场监测；
 e) 数据分析及反馈控制；
 f) 提交监控成果资料。

4.3 在桥梁施工图设计及施工组织设计阶段应明确施工程序，不应在施工期间做临时调整，施工监控单位据此制定施工监控方案。当确需改变施工顺序、进度和作业条件等时，应复核施工监控方案的可行性。

4.4 悬臂浇筑的施工过程控制宜遵循变形和应力双控的原则,且宜以变形控制为主。

4.5 施工监控应建立健全技术、质量和安全管理体系,制定施工监控工作流程。

4.6 施工监控应贯彻国家有关规范和技术经济政策,积极稳妥地采用新技术、新方法、新仪器。

4.7 施工监控应考虑与成桥荷载试验及桥梁运营期健康监测系统的关联性。

5 监控所需参数与获取

5.1 监控所需参数

预应力混凝土连续刚构桥施工监控所需参数,应包括表1所列项目。

表1 预应力混凝土连续刚构桥施工监控所需的主要参数

序号	参数类别	参数内容	
1	施工参数	混凝土施工	混凝土实测抗压强度
2			混凝土实测密度
3			混凝土实测弹性模量
4			混凝土收缩、徐变参数
5		预应力施工	预应力钢绞线实测抗拉强度
6			预应力钢绞线实测弹性模量
7			预应力孔道实测摩擦系数、偏差系数
8			锚下实测有效预应力(包括纵向预应力和竖向预应力)
9		构件尺寸	墩柱实测断面尺寸
10			箱梁实测断面尺寸
11		施工荷载	挂篮、模板质量
12			合龙配重
13			合龙顶推力值、位移值
14			其他施工荷载
15		施工测量	施工测量控制网、测量控制点
16		施工工序;挂篮、支架及托架等临时受力结构预压试验结果	
17	设计参数	设计文件提供的材料力学和物理特性、结构几何尺寸、作用、边界条件、施工工序等	

5.2 监控参数获取

5.2.1 混凝土施工相关参数的获取方法如下:

a) 混凝土实测强度,宜经现场取样后通过工地试验室现场试验的方式获取,试验方法应符合 JTG 3420 的规定;

b) 混凝土实测弹性模量,宜经现场取样后通过工地试验室现场试验的方式,分别测定混凝土在 3d、7d、14d、28d、60d、90d 龄期的 E 值,以得到完整的 E-t 曲线,试验方法应符合 JTG 3420 的规定;

c) 混凝土实测密度,宜经现场取样后通过工地试验室现场试验的方式获取,试验方法应符合 JTG 3420的规定;

d) 混凝土收缩、徐变参数,宜按照 JTG 3362 的规定取值,必要时可根据混凝土收缩、徐变试验或可靠的工程经验进行确定。

5.2.2 预应力施工相关参数的获取方法如下：
   a) 预应力钢绞线实测抗拉强度和弹性模量，宜经现场取样后通过工地试验室现场试验的方式获取，试验方法应符合 GB/T 21839 的规定；
   b) 预应力孔道实测摩擦系数、偏差系数，宜通过现场试验获取，试验方法应符合 JTG/T 3650 的规定；
   c) 锚下实测有效预应力，宜通过现场检测获取，检测方法宜符合 DB 53/T 810 的规定。

5.2.3 墩柱、箱梁实测断面尺寸，宜通过现场测量的方式获取，测量方法应符合 JTG F80/1 的规定。

5.2.4 施工荷载的相关参数，应依据施工单位提供的实施性施工组织设计和现场调查统计确定，其中合龙顶推力值和位移值应由设计或监控单位提供。

5.2.5 施工测量控制网、控制点的相关信息由施工单位提供，其技术要求应符合 JTG/T 3650 的规定。

5.2.6 挂篮、支架及托架预压试验结果，应由施工单位通过现场加载试验获取，预压试验可执行 JTG/T 3650 和 CJJ/T 281 的相关规定。

6 监控计算

6.1 监控计算的方法

施工监控计算，宜按正装分析法采用有限元模型计算，并应考虑挂篮、吊架及支架等施工设施对桥梁结构的影响，以及施工过程边界条件、构件数量、作用荷载、工序调整、体系转换等的变化，并计入混凝土收缩、徐变的影响。

6.2 监控计算的内容

6.2.1 施工监控计算，应包括设计复核性计算、施工模拟计算和施工跟踪计算。

6.2.2 设计复核性计算，应按设计文件提供的参数值，进行考虑施工过程的主体结构强度和刚度计算，计算结果应与设计文件进行比较，以确认施工监控计算模型及参数的正确性。设计复核性计算的主要内容有：
   a) 施工阶段结构应力及变形计算；
   b) 成桥状态结构应力及变形计算；
   c) 正常使用极限状态验算；
   d) 承载能力极限状态验算。

6.2.3 施工模拟计算，应按批准的施工组织设计文件提供的施工工序和施工荷载，根据设计文件、规范及相关试验结果，选取合理的计算参数，进行考虑施工过程的总体计算，以得到各施工阶段及成桥状态的结构应力和变形等监控计算目标数据。

6.2.4 施工跟踪计算，应根据监测数据分析、反馈控制等得到的更新参数值和施工流程，进行考虑施工过程的总体计算，以得到后续各施工阶段及成桥状态的结构应力和变形等监控计算目标数据。

7 线形控制

7.1 一般规定

7.1.1 桥梁施工线形控制，应按施工模拟计算、施工跟踪计算、监测数据分析及反馈调整等，进行综合动态控制。

7.1.2 预拱度可分为施工预拱度和成桥预拱度。采用预拱度总量控制，通过主梁每个节段的立模高程来实现，以满足最终合理成桥线形。

7.1.3 监控单位应依据批准的设计文件,进行设计复核性计算,并同设计单位的计算结果相互校核,初步确定预拱度数值。

7.1.4 施工单位应及时向监控单位提供实施性施工组织设计文件,提供挂篮、托架、支架设计图纸及预压试验数据结果,提供桥梁计算参数的试验数据,并做好桥面施工荷载调查与控制工作。监控单位据此优化桥梁计算模型,为预拱度和立模高程的确定提供依据。

7.1.5 合龙时梁体温度与设计合龙温度偏差应控制在设计要求的范围内,并在合龙段施工前通过观测获取环境温度与合龙端高程变化的对应关系,以确定最佳合龙时间。

7.1.6 预应力混凝土连续刚构桥梁在主梁悬臂浇筑施工前应确定成桥预拱度的设置方法与数值,不应在悬臂浇筑施工期间临时调整。

7.1.7 成桥预拱度宜按照设计要求进行设置,如设计未做要求时可参照 7.3 设置。

7.2 施工预拱度计算

7.2.1 桥梁施工预拱度应按下式进行计算:

$$f_i^{施工} = -(\sum f_{1i} + \sum f_{2i} + f_{3i} + f_{4i} + f_{5i} + f_{6i} + f_e + f_{gl}) \quad \cdots\cdots(1)$$

式中:

$f_i^{施工}$——第 i 节段箱梁施工预拱度;

$\sum f_{1i}$——第 i 节段及后浇筑节段重力作用挠度累计值;

$\sum f_{2i}$——第 i 节段及后浇筑节段纵向预应力张拉后对该点挠度影响值;

f_{3i}——施工阶段混凝土收缩与徐变在第 i 节段产生的挠度总和;

f_{4i}——施工临时荷载在第 i 节段产生的挠度总和;

f_{5i}——温度影响产生的变形总和;

f_{6i}——墩身压缩产生的变形总和;

f_e——体系转换与桥面铺装、护栏等结构附加重力产生的挠度总和;

f_{gl}——挂篮、支架及托架变形影响值。

7.2.2 施工阶段结构重力(包括结构附加重力)、预应力、混凝土收缩与徐变、墩身压缩、结构体系转换及临时荷载对施工预拱度的影响,可通过桥梁专业有限元软件进行施工模拟计算得到。

7.2.3 支架及托架变形对施工预拱度的影响,应通过支架及托架结构计算结合现场预压试验结果综合确定。

7.2.4 挂篮变形对施工预拱度的影响,由现场挂篮预压试验及悬臂浇筑施工过程中挂篮变形观测数据等综合确定,应在施工过程中进行动态调整。

7.3 成桥预拱度计算

7.3.1 成桥预拱度设置宜采用余弦曲线分配法,按最大成桥预拱度值沿纵桥向做成平顺曲线,如图 1 所示。余弦曲线分配可依据下列公式分别计算,各曲线函数表达如下。

曲线Ⅰ:

$$y = \frac{f_{zc}}{2}\left[1 - \cos\left(\frac{2\pi x}{L_2}\right)\right] \quad (0 \leq x \leq L_2) \quad \cdots\cdots(2)$$

曲线Ⅱ:

$$y = \frac{f_{bc}}{2}\left[1 - \cos\left(\frac{\pi x}{L_1 - l_1}\right)\right] \quad (0 \leq x \leq L_1 - l_1) \quad \cdots\cdots(3)$$

曲线Ⅲ:

$$y = \frac{f_{bc}}{2}\left[1 - \cos\left(\frac{\pi x}{l_1}\right)\right] \quad (0 \leq x \leq l_1) \quad \text{……………………(4)}$$

式中：
- y——任意一点成桥预拱度；
- f_{zc}——中跨跨中最大成桥预拱度；
- x——Ⅰ、Ⅱ、Ⅲ曲线横坐标，起点在成桥预拱度最小处；
- L_2——中跨跨径；
- f_{bc}——边跨最大成桥预拱度；
- L_1——边跨跨径；
- l_1——曲线起点（终点）至边跨最大成桥预拱度位置的距离。

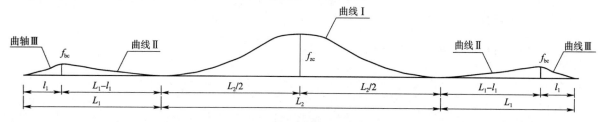

图 1 成桥预拱度示意图

7.3.2 中跨跨中最大成桥预拱度宜按下式计算：

$$f_{zc} = f_{sc} + f_{jc} \quad \text{……………………(5)}$$

式中：
- f_{zc}——同式(2)；
- f_{sc}——该项取值应依据 JTG 3362 的规定按可变荷载频遇值计算的长期挠度值与预加应力长期反拱值之差采用；
- f_{jc}——中跨跨中最大成桥预拱度经验值，应根据桥梁跨径大小、桥梁主梁设计刚度、预应力度等综合确定，取值宜在 $L/1500 \sim L/1000$ 之间。

7.3.3 边跨最大成桥预拱度宜设置在边跨 $L/4 \sim 3L/8$ 之间，具体位置通过计算确定，边跨最大成桥预拱度宜取中跨最大成桥预拱度的 1/4。

7.4 施工阶段立模高程

7.4.1 主梁各节段立模高程应按下式计算：

$$H_i^{立模} = H_i^{设计} + f_i^{施工} + f_i^{成桥} \quad \text{……………………(6)}$$

式中：
- $H_i^{立模}$——第 i 节段待浇筑箱梁前端模板高程；
- $H_i^{设计}$——第 i 节段待浇筑箱梁前端设计高程；
- $f_i^{施工}$——同式(1)；
- $f_i^{成桥}$——第 i 节段箱梁成桥预拱度。

7.4.2 主梁立模高程通知单样式可参见附录 A。

7.5 成桥桥面线形

7.5.1 主梁悬臂浇筑施工完成后在调平层实施前应对桥面线形进行通测，根据测量结果及合理成桥线形对调平层、铺装层及护栏高程进行调整，确保二期恒载相对均衡、桥面及护栏线形平顺。

7.5.2 桥梁成桥后应设置永久性观测点,并将观测数据列入施工监控成果报告。永久性观测点的布置应符合 JTG 5120 的规定。

8 监控量测

8.1 监测项目

预应力混凝土连续刚构桥施工监测应包括表2所列项目。

表2 预应力混凝土连续刚构桥施工监测的主要项目

序号	监测项目		监测阶段	
			主墩施工	主梁施工
1	线形监测	主墩基础沉降	●	●
2		主墩偏位与竖直度	●	●
3		主梁高程(包括合龙段高差)	—	●
4		主梁轴线偏位	—	●
5		挂篮变形	—	●
6	应力监测	主墩关键截面应力	●	●
7		主梁关键截面应力	●	●
8	环境监测	主梁关键截面温度场	—	●
9		环境温度、湿度	●	●
10		风速、风向	○	○
注:"●"为必选监测项;"○"为宜选监测项;"—"为不包含项。				

8.2 测点布置

8.2.1 主墩基础沉降监测

基础沉降测点宜布置在承台四角,测点宜在浇筑承台时采用 φ14 mm～φ20 mm 短钢筋预埋在其顶面,测点应露出承台顶面 2 cm～5 cm,钢筋头磨平并做标记,测点布置示意见图2。

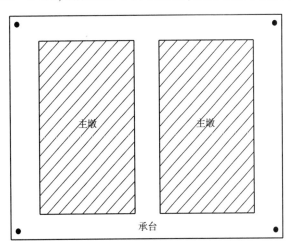

图2 基础沉降测点布置平面示意图

8.2.2 主墩偏位与竖直度监测

主墩偏位与竖直度测点宜布置在墩底面和每施工节段顶面边线与两轴线交点位置,测点布置示意立面图和平面图见图3。

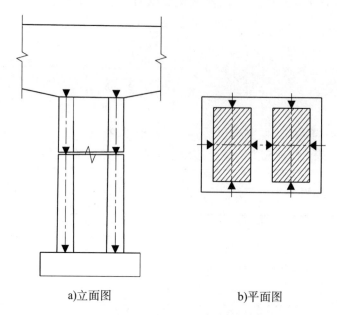

a)立面图　　b)平面图

图3　主墩偏位与竖直度测点布置示意图

8.2.3 挂篮变形监测

悬臂浇筑施工阶段挂篮变形测点，宜沿用挂篮预压试验所布置测点。

8.2.4 主梁高程与轴线偏位监测

8.2.4.1 监控单位在施工单位建立的施工测量控制网的基础上，每一主墩箱梁0号块顶面应至少布置两个高程基准点，其中至少有1个点作为备用点。基准点应采用专用测钉埋设。监理单位、施工单位和监控单位每月至少进行1次联合复测。

8.2.4.2 悬臂浇筑施工阶段与边跨直线段施工阶段主梁线形观测点，宜设置在每一施工节段端部（距前端约5 cm~10 cm处）顶板上，分别在轴线及距两侧外边缘1 m位置，测点宜采用$\phi14$ mm~$\phi20$ mm短钢筋在垂直方向与顶板上下层钢筋点焊牢固并保持竖直。测点伸出混凝土面2 cm，测头磨平并做标记。测点布置示意见图4。

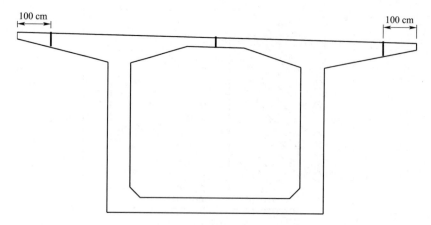

图4　箱梁变形测点布置示意图

8.2.5 主墩应力监测

主墩应力测点应根据结构受力分析布置在墩身受力不利截面，每单肢墩截面应布置不少于8个测点，分别在大小里程侧布置。应力传感器应垂直于截面方向固定在主筋上，测点布置示意见图5。

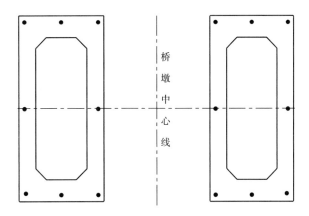

图 5 主墩应力测点布置示意图

8.2.6 主梁应力监测

主梁应力测点应根据结构受力分析布置在主梁受力不利截面,每截面应布置不少于6个测点,应力传感器应垂直于截面方向固定在主筋上,测点布置示意见图6、图7(以三跨为例)。受力不利截面一般有:

a) 0号块端部截面;
b) 中跨四分点截面;
c) 跨中截面;
d) 边跨最大正大弯矩截面。

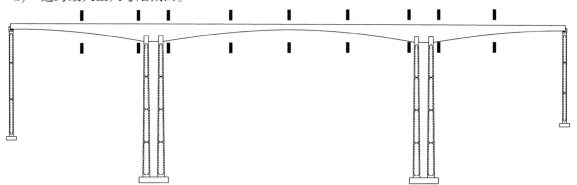

图 6 主梁应力监测截面布置示意图

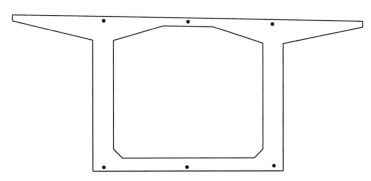

图 7 箱梁截面应力测点布置示意图

8.2.7 环境监测

8.2.7.1 全桥选择1个"T"构,进行主梁梁体温度场监测,测试截面宜布置在0号块端部、主(边)跨$L/4$处,每截面宜布设36个测点。测点布置示意见图8。

8.2.7.2 环境温度、湿度测点可布置在桥面上、箱梁内外一个或几个固定位置,测点应能代表桥位处的实际气温情况。

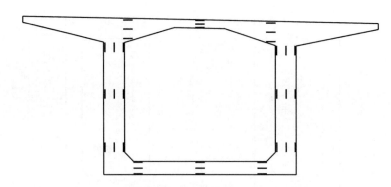

图 8 箱梁截面温度场测点布置示意图

8.2.7.3 桥址处风速、风向测点应根据现场地形情况及桥梁在现场的布置综合确定。桥上风速、风向测点宜设置在最高墩处,并安装在具有足够刚度和强度的支架上,支架高出 0 号块顶面至少 5 m。

8.3 仪器设备

8.3.1 监控量测仪器的配备,应综合考虑桥址处气候环境条件、桥梁结构特点、规模及经济性等要求,仪器的配备数量应满足现场使用要求,损耗性仪器(如传感器)应配备备件。

8.3.2 测试仪器的配备及技术要求应满足表 3 的规定,测试仪器的量程应满足监测要求。

表 3 监测项目仪器配备及技术要求

序号	监测项目	监测仪器	主要技术指标	备 注
1	基础沉降主梁高程、挂篮变形	精密水准仪	1 km 往返水准测量标准偏差≤1 mm	配置因瓦水准尺
2	主墩偏位与竖直度主梁轴线偏位	全站仪	测距精度:1 mm + 1 × $10^{-6}D$(D 为测距) 测角精度:0.5″	—
3	应力	振弦式应变传感器	分辨率:1 $\mu\varepsilon$	配置专用数据采集仪或采用自动化监测系统
4	温度场	铂式热电阻温度传感器、热电偶点温计	分辨率:0.1 ℃	
5	环境温度	温度计、温度传感器	分辨率:0.1 ℃	
6	环境湿度	湿度计、湿度传感器	精度不宜低于 3% RH	
7	风速、风向	三向超声风速仪、机械式风速仪	风速监测精度:0.1 m/s 风向监测精度:3°	
注:或采用符合技术要求的其他设备。				

8.3.3 应力、温湿度、风速等,宜采用具备数据实时采集、传输功能的远程自动化监测系统。监测系统技术要求应满足 JT/T 1037 的规定。

8.3.4 施工监控所用的仪器、设备等应经法定计量机构检定或校准,合格后方可使用。

8.4 监测频率

8.4.1 主墩基础沉降监测

8.4.1.1 主墩基础沉降测量应在气温相对稳定的时段进行,监测频率至少符合以下规定:
a) 承台浇筑完成后测取测点初读数作为监测基准值;
b) 在主墩及主梁施工过程中根据施工进度进行测量,不低于每月 1 次,且不少于每 3 个节段 1 次。

8.4.1.2 主墩基础沉降监测记录表样式可参见附录 A。

8.4.2 主墩偏位与竖直度监测

8.4.2.1 主墩偏位与竖直度测量应在气温相对稳定的时段进行，监测频率至少符合以下规定：
a) 墩身首个节段混凝土浇筑后测取墩底测点三维坐标初读数作为测试基准值；
b) 墩身施工阶段应每节段进行 1 次；
c) 主梁悬臂浇筑施工阶段宜测量墩顶和墩底测点，每月至少 1 次。

8.4.2.2 主墩偏位与竖直度监测记录表样式可参见附录 B。

8.4.3 挂篮变形监测

8.4.3.1 悬臂浇筑施工阶段挂篮变形测量宜选择前 1～5 号节段进行，监测频率至少符合以下规定：
a) 挂篮就位固定后测取测点初读数作为监测基准值；
b) 主梁混凝土浇筑前进行 1 次；
c) 主梁底板浇筑后进行 1 次；
d) 主梁腹板浇筑后进行 1 次；
e) 顶板浇筑后进行 1 次。

8.4.3.2 挂篮变形监测记录表样式可参见附录 C。

8.4.4 主梁高程与轴线偏位监测

8.4.4.1 悬臂浇筑施工阶段主梁立模高程、立模轴线的测量应在气温相对稳定的时段进行，以减少温度的影响。

8.4.4.2 悬臂浇筑施工阶段主梁高程与轴线偏位的测量应在气温相对稳定且避开大型机械设备作业的时段进行，监测频率至少符合以下规定：
a) 主梁各节段混凝土浇筑施工前对立模高程进行 1 次复测；
b) 主梁各节段混凝土浇筑施工前、后对前 3 个节段高程与轴线偏位各进行 1 次；
c) 主梁各节段预应力张拉前、后对前 3 个节段高程与轴线偏位各进行 1 次；
d) 挂篮移动就位后对前 3 个节段高程与轴线偏位进行 1 次。

8.4.4.3 边跨直线段高程与轴线偏位测量应在气温相对稳定的时段进行，监测频率至少符合以下规定：
a) 直线段混凝土浇筑前、后各进行 1 次；
b) 直线段纵向预应力张拉前、后各进行 1 次。

8.4.4.4 合龙段混凝土浇筑前后、预应力张拉前后、顶推前后应在气温相对稳定的时段各进行 1 次全桥主梁高程与轴线偏位通测。

8.4.4.5 桥面调平层、铺装层、护栏施工前后应在气温相对稳定的时段各进行 1 次全桥主梁高程与轴线偏位通测。

8.4.4.6 监测主梁高程与轴线偏位的同时，应进行主梁温度和环境温度测量。

8.4.4.7 悬臂浇筑施工阶段主梁高程与轴线偏位监测记录表样式可参见附录 D。

8.4.5 应力监测

8.4.5.1 主墩关键截面应力监测频率至少符合以下规定：
a) 传感器安装完成后、混凝土初次浇筑后分别测取测点初读数作为监测基准值；
b) 墩柱各节段混凝土浇筑后各进行 1 次；
c) 主梁各节段混凝土浇筑后各进行 1 次；
d) 主梁各节段纵桥向预应力张拉后各进行 1 次；

e) 合龙顶推前、后各进行1次；
  f) 合龙段混凝土浇筑前、后各进行1次；
  g) 合龙段预应力张拉前、后各进行1次；
  h) 桥面护栏浇筑后进行1次；
  i) 桥面调平层浇筑后进行1次；
  j) 桥面铺装层施工后进行1次。

8.4.5.2 主梁关键截面应力监测频率至少符合以下规定：
  a) 传感器安装完成后、混凝土初次浇筑后分别测取初读数作为测试基准值；
  b) 主梁各节段混凝土浇筑前、后各进行1次；
  c) 主梁各节段纵桥向预应力张拉前、后各进行1次；
  d) 合龙顶推前、后各进行1次；
  e) 合龙段混凝土浇筑前、后各进行1次；
  f) 合龙段预应力张拉前、后各进行1次；
  g) 桥面护栏浇筑后进行1次；
  h) 桥面调平层浇筑后进行1次；
  i) 桥面铺装层施工后进行1次。

8.4.5.3 应力监测的同时应进行环境温度和温度场测量。

8.4.5.4 应力监测记录表样式可参见附录E。

8.4.6 环境监测

8.4.6.1 环境温湿度监测宜采用自动化监测系统进行实时数据采集。

8.4.6.2 应力监测、线形监测的同时，应进行温度测量。

8.4.6.3 环境监测记录表样式可参见附录F。

8.4.7 主梁结构体系转换监测

8.4.7.1 主梁合龙前应对主梁线形温度影响进行观测，至少持续3d，晴天1次/h，阴雨天1次/2 h。

8.4.7.2 主梁施工体系转换前后应对基础沉降、主墩应力、主墩偏位与竖直度、主梁线形及应力分别进行1次量测，分析体系转换对结构应力及变形的影响。

9 监测数据分析、结构状态识别及反馈控制

9.1 监测数据分析

9.1.1 结构应力监测数据分析应考虑下列因素：
  a) 混凝土水化热的影响；
  b) 混凝土弹性模量变化的影响；
  c) 温度变化的影响；
  d) 有效预应力的影响；
  e) 混凝土密度及结构尺寸变化的影响；
  f) 混凝土收缩与徐变的影响；
  g) 施工临时荷载的影响。

9.1.2 结构线形监测数据分析应考虑下列因素：
  a) 挂篮、支架等施工设备的影响；
  b) 混凝土弹性模量变化的影响；

c) 温度变化的影响；
d) 有效预应力的影响；
e) 混凝土密度及结构尺寸变化的影响；
f) 混凝土收缩与徐变的影响；
g) 桥墩压缩变形的影响。

9.2 结构状态识别

9.2.1 桥梁施工过程中，监测数据所反应的结构应力状态、线形状态应通过监控计算的理论目标值与现场监测值的差值及变化趋势进行分析识别。

9.2.2 桥梁施工过程中，主梁立模高程误差与立模轴线偏位应满足 JTG/T 3650 的要求；主梁已浇筑梁段轴线偏位、主墩偏位与竖直度及桥梁成桥状态的结构线形应满足 JTG F80/1 的要求。

9.2.3 桥梁施工过程中，结构应力和主梁高程的监测值与监控计算的理论目标值的误差控制应符合表 4 的规定。

表 4 悬臂浇筑施工过程结构应力和主梁高程误差控制值

项次	监测项目		允许偏差
1	混凝土结构应力		满足设计要求
2	主梁高程	悬臂浇筑施工主梁各节段混凝土浇筑前后、预应力张拉前后的高程(高程变化)	±20 mm
		悬臂浇筑施工主梁合龙段相对高差	±20 mm

9.3 监控信息反馈控制

9.3.1 施工监控单位应定期向各参建方通报桥梁施工监控相关信息。

9.3.2 桥梁反馈控制应以指令形式实施，由监理监督现场执行。

9.3.3 当施工过程中出现监测数据超出允许误差，实测变化趋势与理论不符时，应及时预警，并会同各参建方共同进行原因分析，采取有效的调控措施。

9.3.4 当悬臂浇筑施工过程中应力状态偏差超出允许值时，可通过减少临时荷载或调整临时荷载的位置改善受力。

9.3.5 当施工过程中主梁高程偏差超出误差允许值时，不强行在下一个梁段中立即调整过来，而应根据偏差发生的特点找出原因，对后续悬臂浇筑梁段立模高程进行调整，在以后的几个节段中将高程偏差逐步纠正过来。

9.3.6 当因施工工序、工艺不当导致结构受力不利时，可通过调整施工工序、工艺调整结构受力状态。

9.3.7 当因桥梁结构设计与施工方案匹配性问题导致结构受力不利时，可采取局部加固或增设临时辅助设施等措施改善后续施工中结构受力状态。

9.3.8 当预测到极端气温、雪载、风载等超过设计和规范限值时，应及时发布暂停施工或其他应对措施指令。

10 监控成果应用及管理

10.1 桥梁施工监控成果应包含施工监控实施方案、施工监控计算报告、施工监控阶段性报告以及施工监控总报告。其中：

a) 施工监控实施方案宜包括工程概况、监控依据、监控目的、监控内容、监控组织(包括人员、设备及工程流程等情况)、监控实施、监控质量安全保障措施等内容；
b) 施工监控计算报告宜包括设计复核性计算报告、施工模拟计算报告和施工跟踪计算报告；

c) 施工监控阶段性报告主要是指在规定的时间内对其监测数据和控制结果进行分析,并对当前结构的应力和线形状态进行阶段分析总结,为后续施工提出建议;
d) 施工监控总报告宜包括工程概况、监控依据、监控目的、监控内容、监控组织、监控计算成果、线形监控成果、应力监控成果、监控结论及建议等内容。

10.2 桥梁施工监控工作期内的立模通知单、监测数据记录、监控成果及指令文件等资料应及时归档,作为桥梁竣(交)工验收资料的必要组成部分。

附 录 A
（资料性）
主梁立模高程通知单

主梁立模高程通知单样式见表 A。

表 A 主梁立模高程通知单

监控单位名称：   记录编号：

工程名称								
位置			立模高程控制点					
里程桩号	节段号	测点编号	1	2	3	4	5	6
		施工预拱度(mm)						
		成桥预拱度(mm)						
		挂篮变形(mm)						
		设计高程(m)						
		立模高程(m)						
里程桩号	节段号	测点编号	1	2	3	4	5	6
		施工预拱度(mm)						
		成桥预拱度(mm)						
		挂篮变形(mm)						
		设计高程(m)						
		立模高程(m)						
测点布置示意图(单位:cm)								
监控单位（盖章）	（签字）　　　　　　　　　　　　　　　　年　月　日							
监理单位（盖章）	（签字）　　　　　　　　　　　　　　　　年　月　日							
施工单位（盖章）	（签字）　　　　　　　　　　　　　　　　年　月　日							
附加声明	1. 表中里程桩号、设计高程为根据施工图计算得到,施工单位收到此表后,应对其进行核对； 2. 表中各控制点设计高程及立模高程为箱梁节段最前端浇筑混凝土底面高程； 3. 立模高程测量应在气温相对稳定的时段(如晚上 10:00 至日出前)进行,误差应控制在±5 mm 内； 4. 本表一式四份,建设单位一份,施工单位一份,监理单位一份,监控单位一份。							

计算：   审核：

附 录 B
（资料性）
施工阶段主墩基础沉降监测记录表

施工阶段主墩基础沉降监测记录表样式见表B。

表 B 施工阶段主墩基础沉降监测记录表

监控单位名称：　　　　　　　　　　　　　　　　　　　　　　　　　　　记录编号：

工程名称					
工程部位					
样品信息					
监测日期			监测条件		
主要仪器设备名称及编号					
测试工况					
测点位置	测点编号	水准尺读数(m)		实测高程(m)	钢筋头长度(mm)
		后视	前视		
测点布置示意图(单位:cm)					
附加声明					

测量：　　　　　　　　　　　　　　记录：　　　　　　　　　　　　　　复核：

附 录 C
（资料性）
施工阶段挂篮变形监测记录表

施工阶段挂篮变形监测记录表样式见表 C。

表 C　施工阶段挂篮变形监测记录表

监控单位名称：　　　　　　　　　　　　　　　　　　　　　　　　　记录编号：

工程名称					
工程部位					
样品信息					
监测日期			监测条件		
主要仪器设备名称及编号					
测试工况					
测点位置	测点编号	水准尺读数(m)		实测高程(m)	备注
		后视	前视		

测点布置示意图(单位:cm)

附加声明	

测量：　　　　　　　　　　　　　记录：　　　　　　　　　　　　　复核：

附 录 D
（资料性）
施工阶段主梁高程及轴线偏位监测记录表

施工阶段主梁高程监测记录表样式见表 D.1。

表 D.1 施工阶段主梁高程监测记录表

监控单位名称：　　　　　　　　　　　　　　　　　　　　　　　　　　　记录编号：

工程名称					
工程部位					
样品信息					
监测日期			监测条件		
主要仪器设备名称及编号					
测试工况					
测点部位	测点编号	水准尺读数(m)		目标高程(m)	实测高程(m)	钢筋头长度(mm)
		后视	前视			
测点布置示意图(单位:cm)						
附加声明						

测量：　　　　　　　　　　　　　　记录：　　　　　　　　　　　　　　复核：

施工阶段主梁轴线偏位监测记录表样式见表 D.2。

表 D.2 施工阶段主梁轴线偏位监测记录表

监控单位名称：　　　　　　　　　　　　　　　　　　　　　　　　　　记录编号：

工程名称							
工程部位							
样品信息							
监测日期				监测条件			
主要仪器设备名称及编号							
测试工况							
测点部位	测点编号	目标值(m)			实测值(m)		
		X	Y	Z	X	Y	Z

测点布置示意图(单位：cm)

附加声明	

测量：　　　　　　　　　　　　记录：　　　　　　　　　　　　复核：

附 录 E
（资料性）
施工阶段应变监测记录表

施工阶段应变监测记录表样式见表E。

表 E 施工阶段应变监测记录表

监控单位名称： 　　　　　　　　　　　　　　　　　　　　　　　　　　记录编号：

工程名称					
工程部位					
样品信息					
监测日期			监测条件		
主要仪器设备名称及编号					
测试工况					
测点部位	测点编号	传感器编号	频率测试值（Hz）	应变测试值（με）	温度（℃）
测点布置示意图					
附加声明					

测量： 　　　　　　　　　　　记录： 　　　　　　　　　　　复核：

附 录 F
（资料性）
施工阶段环境监测记录表

施工阶段温度监测记录表样式见表F.1。

表F.1 施工阶段温度监测记录表

监控单位名称： 记录编号：

工程名称			
工程部位			
样品信息			
监测日期		监测条件	
主要仪器设备名称及编号			
测试工况			
测点部位	测点编号	传感器编号	测试值(℃)

测点布置示意图

附加声明	

测量： 记录： 复核：

施工阶段环境湿度监测记录表样式见表F.2。

表F.2 施工阶段环境湿度监测记录表

监控单位名称：　　　　　　　　　　　　　　　　　　　　　　　　　　　记录编号：

工程名称			
工程部位			
样品信息			
监测日期		监测条件	
主要仪器设备名称及编号			
测试工况			
测点部位	测点编号	传感器编号	测试值(%RH)
测点布置示意图			
附加声明			

测量：　　　　　　　　　　　　　　　记录：　　　　　　　　　　　　　　　复核：

施工阶段环境风速监测记录表样式见表F.3。

表 F.3 施工阶段环境风速监测记录表

监控单位名称：　　　　　　　　　　　　　　　　　　　　　　　　　　　记录编号：

工程名称			
工程部位			
样品信息			
监测日期		监测条件	
主要仪器设备名称及编号			
测试工况			
测点部位	测点编号	传感器编号	测试值(m/s)
测点布置示意图			
附加声明			

测量：　　　　　　　　　　　　记录：　　　　　　　　　　　　复核：